Novi početak

Novi početak

Branka Radović

Bibliografische Information der Deutschen Nationalbibliothek:
Die Deutsche Nationalbibliothek verzeichnet diese Publikation in der
Deutschen Nationalbibliografie; detaillierte bibliografische Daten sind
im Internet über http://dnb.dnb.de abrufbar.

Design: Marina Milutinov

Herstellung und Verlag: BoD – Books on Demand, Norderstedt

ISBN: 978-3-7583-7458-6

ODSJAJ NAJLJEPŠE NOĆI

U odsjaju

najljepše noći

čujem uzdahe tvoje

i nema mjesta samoći.

Tu pored mene

plamtiš kao oganj živi,

u noć tu volim

uploviti s tobom, mili.

Budi pored mene

zauvijek, molim te,

jer ludo iz srca tuče

iskreno volim te.

***

DAN SRAMOTA

Dan je divan,

bio,

cvrkut ptičica nekako

živ i mio.

Tuge mjesta

nema,

pa ona više i nije

tema.

Ljubav, radost,

ljepota,

nek' umire polako

svačija sramota.

***

OSJEĆAJ SIGURNOSTI

Kako ponekad

zna da boli

kad nema neko

iskreno da voli.

Taj osjećaj kao

munja razjeda,

ali srećom ne

prođe, propada.

Zato voli dok možeš,

ti.

Pruži osjećaj

sigurnosti, najdraži.

***

SJETAN

Polako odlazi

još jedan dan,

sudbino, samo da nije san.

Tako se dobro u njemu

osjećam.

Lijepo je kad

je čovjek sretan,

i nije nimalo

sjetan.

***

MORSKE SIRENE

U najljepšoj morskoj noći,
morske sirene pjevaju o samoći.

Njihov tekst
polako razaznajem,
u pitanju je tuga,
sigurno je, poznajem.

I dok polako
očekujem novi dan,
pitam se da li je
to bio san.

***

POGLED

U pogledu tvome

ljepota blista,

ne bih te mijenjala

za njih trista.

Uvijek me posmatraš

s čežnjom u očima,

i zato sam s tobom

danima i noćima.

Volim te zauvijek,

to znaj,

i znam da te volim,

i to je kraj.

***

NEMOGUĆI DANI

Nemogući dani

polako se roje,

zauzimaju lagano

i srce tvoje.

Puni ljubavi,

ljepote i sjaja,

roje se, roje

kao da je sredina mjeseca maja.

Hej, ne mijenjaj se,

molim te,

hej, jer zaista

volim te...

***

NA PRAŠNJAVOJ STAROJ CESTI

Na prašnjavoj staroj cesti

stojiš ti,

nekako usamljen,

moja ljubavi.

Dođi slobodno,

zašto te put nosi tamo?

Hej, ti trebaš mi da budeš tu

kod mene samo.

Hoću da ponovimo

naše dane i noći,

da uništimo

tog neprijatelja samoći.

***

BAJNOST DANA

Danas dan izgleda

divno i sjajno,

sve još uvijek

tako bajno.

Ptičice cvrkuću,

čuje se neka

posebna toplina.

Oh, Bože, život zna da

bude prava milina.

Još u njemu

čvrsto stojiš ti,

jedina moja ljubavi.

***

LONAC SREĆE

U lonac sreće

stavaiću te, znaj,

i tvojoj tugi

zauvijek će biti kraj.

Pokazaću ti

kako se živi

i kako su drugi

uvijek krivi.

Pokazaću ti

šta je život,

to dobro sada znam,

i naučiću te da nikad ne budeš sam.

***

VRIJEME TUGA

Današnji dan

i nije nešto, znaš,

ne mora da bude

tako uvijek baš.

Kažu da ružno vrijeme

uvijek navlači tugu,

ali to ne štima,

vjeruj mi, kao drugu.

Evo, sunce polako

ponovo izlazi,

neka ga,

neka se bolje snalazi.

***

TALASI

Uz lijepo svitanje,

naljepše zore,

lagano se osmjehuje

prelijepo more.

Nemili talasi

u daljini se igraju,

oni zaista

ne umiju da tuguju.

Neka divina,

divno tijelo mi napada,

k'o teška litica

kad propada.

***

MOJA MAŠTA

Moja mašta opet

radi iz dana u dan,

sad je stvarno mašta,

to nije više san.

Sanjam o vječitoj sreći,

da zauvijek tako ostane,

ne, nemoj, molim te, Bože,

da opet zastane.

***

NE VOLIM NOĆ

Ponekad u nemiru,

preduge noći,

mislim da svanuti

nikako neće moći.

Ne volim noći

kad su bez tebe,

kao mamica

bez svoje bebe.

***

POGLED KOJI LUTA

Pogled odluta ponekad

i od mene tako daleko,

kao da ga treba

stići zaista neko.

Taj neko zaista, ko je?

To si, ljubavi, ti.

Zaustavi ga, ne daj

da umoran luta,

ne daj mu, jer to smo mi.

Mi nekada,

mi sada,

u budućnosti srećni,

zauvijek kao nikada.

***

SULUDE MISLI

Zašto se opet u mojoj glavi

roje sulude misli,

krivac glavni, dragi,

opet izvini, ti si.

Navaljuju sumanutom brzinom,

ne volim ih,

jednostavno sam handy,

blokiram ih.

Bez povoda i razloga,

lagano se roje,

bože, ponekad,

kao da su tuđe,

a ne moje.

***

MOJA POBJEDA

Hej, hej, malena,

kažu mi sada,

bože, pa i osjećam se

tako mlada.

Hvala ti, dragi Bože,

što veliku krizu prebrodih ja,

što ovaj put idem do

samoga kraja.

Kraj nije bio lak,

ali pobjedi

moj karakter jak.

***

KUMA DANIJELA

U novi početak

ubacujem nju,

moju vilu gorsku,

kumu Danijelu.

Sposobnost je njena

odlika prava,

uživa u svom poslu

koji je za nju strava.

Odlučuje se uvijek

za ono najbolje,

i zbogom je rekla

za sve nevolje.

***

DUŠICI

Predstaviću vam
jednu drugaricu svoju,
koja je promijenila
moju sudbinu.

Moja duša, čuvena
po svojoj dobroti,
a bogami i po svojoj
ljepoti.

Vrijedna, energična,
iz očiju zrači
neki iskren sjaj,
moj veliki drug
koji sa mnom ide kroz životni krug.

Tu je kad zatreba,
pravi oslonac,
i zato trebam
njeno ime da slavim.

***

ISPARANA SREĆA

Dok su kod drugih

prelijepe ruže u ljubavi cvjetale,

kod njih je problem bio sve veći i veći.

Sreća je lagano isparila,

zadnje kapljice svoje,

počele su svađe

između njih dvoje.

Iz dana u dan,

sve gore i gore,

sudbino, zašto ih rastavi

ti nezamislivi stvore.

OPET ONA STARA

U prelijepoj atmosferi,

koju mislim da pravim sama,

ostade mi mjesto da pišem

kao prava dama.

Osjećaji jaki naviru

i nose me

kao da nekoj neviđenoj sili

sada prkose.

Ti si moj inat,

moj potajni ljubavni boj,

o kako je lijepo opet čuti

malih ptičica zlatni roj.

***

Ovaj novi početak, nadam se da vam je na nekoliko trenutaka uspio uljepšati dan.

Moje pjesme pišem čisto iz srca, u nadi da vas sve ojačam u ovoj strašnoj svakodnevnici...

Nadam se da me razumiju oni koji su se u ovome iole našli.

Vaša Branka